AF268263

L'AMNISTIE

par

UN FUSILLÉ

de Mai 1871.

AMNISTIE, du grec *a mnisté*,
Ne pas se souvenir, oublier.

PRIX 25 CENTIMES.

PARIS 1879

En vente chez tous les Libraires.

Saint-Germain-en-Laye

IMPRIMERIE TYPOGRAPHIQUE DE MAYER, PAUL ET C⁶
5 et 7, rue Saint-Pierre, 5 et 7.

L'AMNISTIE

par

UN FUSILLE DE MAI 1871

Amnistie, du grec *a mnisté*,
Ne pas se souvenir, oublier.

PARIS
Février 1879.

A LA MÉMOIRE

DE MON FRÈRE

Vincent MATHOREL

Mort pour la Patrie,

Le 19 Décembre 1870.

Cet opuscule est dédié par

HENRI MATHOREL

Fusillé le 24 Mai 1871

dans la personne de leur cousin

FÉLIX MATHOREL

Monsieur le Président de la République,
Messieurs les Sénateurs,
Messieurs les Députés,

J'ai été fusillé sommairement en Mai 1871, lors de l'entrée triomphale dans Paris des troupes commandées par MM. Thiers et le Maréchal de Mac-Mahon.

Pendant toute la durée du siége, j'ai servi comme simple soldat dans la compagnie de carabiniers dite compagnie Arnaud de Vresse, 1re du 14e bataillon de la garde nationale, puis du 7e régiment. La compagnie a trois ordres du jour au *Journal Officiel*, j'ai ma part de deux de ces ordres du jour, celui du 31 octobre ne me concerne pas. Prenant un fusil pour la première fois à 38 ans, j'avais stipulé que je n'aurais dans aucun cas à combattre des Français.

Je n'ai voulu accepter aucun grade.

Je n'ai pris aucune part active ni au 18 mars, ni aux événements qui l'ont suivi. Bien que mon opinion fut faite sur les causes de tout genre de cette éruption populaire, la capitulation avait brisé le reste de mes forces, épuisées déjà par le jeûne

que fit subir à la population parisienne l'administration maudite à jamais de M. Jules Ferry. J'allai
donc me réfugier dans une propriété que j'habitais,
avant le siége, à 30 lieues de Paris.

Le 23 ou le 24 mai, on arrêtait un homme de
43 ans, qui déclara se nommer Mathorel.

— Ah bien ! l'orateur des réunions publiques.
Allez.

Mathorel fut exécuté séance tenante.

A Provins, je pus lire dans les journaux rédigés
par des conservateurs que la peur la plus ignoble
avait rendus féroces, mon oraison funèbre dans
laquelle j'étais traité de " bandit ", spécialement
par le très-honorable M. Dalloz.

Ce n'est donc pas moi qui sors du tombeau.
Non, Messieurs, mais il y a eu une victime, et
j'évoque le spectre de cet innocent, mon cousin
germain, Félix Mathorel.

Si Henri Mathorel a commis un crime en atta-
quant les abus du régime impérial en 1868, 1869,
1870, Félix Mathorel en était innocent.

Si Henri Mathorel a commis un crime en soutenant, en 1868, la candidature du regretté Bancel dans la troisième circonscription contre celle d'un homme dont le nom ne s'écrit plus, Félix Mathorel en était innocent.

Si Henri Mathorel a commis un crime en soutenant la candidature, dans la même circonscription, du vénéré M. Crémieux, contre celle de M. Pouyer-Quertier, l'approbateur des mandats fictifs, et de M. Pascal Duprat, l'inventeur de l'état de siége, Félix Mathorel en était innocent.

Si Henri Mathorel a commis un crime en organisant le comité anti-plébiscitaire de la rue Dieu, Félix Mathorel en était innocent.

Tous les actes qu'on pouvait mentionner en regard du nom de ce "bandit" de Henri Mathorel étaient à peu près aussi coupables, à tel point que les magistrats de l'empire ne purent jamais lui infliger qu'une condamnation à l'amende (comme assesseur suppléant) pour résistance à une dissolution arbitraire de réunion électorale. Ces actes étaient absolument étrangers à Félix Mathorel, qui luttait seulement avec son bulletin de vote, comme pendant le siége il combattit dans notre compagnie avec son fusil, simple soldat comme moi.

On l'a fusillé, parce qu'il portait ce nom de Mathorel, inscrit sur les listes de la police par un agent nommé, je crois, Alessandri.

———

Au nom de cette victime innocente, pour laquelle aucune réparation n'est possible, je vous demande l'amnistie des autres victimes encore vivantes.

———

Pendant la guerre contre l'envahisseur, Messieurs, il y avait six Mathorel sous les drapeaux. La mort en a frappé trois. Je ne parle pas des souffrances qui ralentissent et abrégeront la vie des autres; il est convenu que seuls certains fonctionnaires contractent des infirmités dans l'exercice de leurs fonctions.

Mais quand une famille a offert trois hommes sur six en sacrifice sur l'autel de la Patrie, elle a peut-être le droit d'élever la voix par l'organe d'un de ses membres qu'on avait voué d'avance à la mort, sans s'occuper de savoir s'il était coupable,

Par la voix de celui qui crie du fond de sa tombe qu'on l'a tué innocent,

Par la voix de celui qui, blessé mortellement à Hécourt, dort dans le cimetière d'Evreux,

Par la voix de celui que les horreurs du camp de Conlie firent mourir sans gloire, mais non sans souffrance,

De vous crier, dis-je :

Pardonnez, si vous voulez l'apaisement et l'oubli,

Ou plutôt :

Proclamez l'amnistie si vous voulez le pardon.

J'en appelle à vos cœurs, à votre patriotisme, croyez-vous qu'il n'est pas temps de donner à ceux qui portent le poids de ces deuils personnels incurables le soulagement de voir dissiper le deuil général qui obscurcit la nation entière ?

Trois morts, trois survivants, vous demandent

de poser sur leurs tombes ou sur leurs plaies sai-
gnantes cette lumière et ce baume de la miséricorde,
de la fraternité, de l'effusion républicaine, qui
éclaire et qui calme également ceux qui les don-
nent et ceux qui les reçoivent.

Quatre millions de Français, au moins, vous
demandent l'oubli de toute haine contre 50,000
déportés ou proscrits.

Mais si tous ceux qui gisent sous la terre de
Paris, exécutés sans cause comme Félix Mathorel,
se dressaient dans leurs vêtements raides de sang
caillé, savez-vous, Messieurs, savez-vous, Monsieur
le Président de la République, que la députation
des morts innocents constituerait un Congrès plus
nombreux que celui qui vient de transférer la plus
haute dignité de la République du Maréchal de
Mac-Mahon à M. Grévy.

L'histoire d'un seul est celle de beaucoup d'autres. Combien ont succombé qui n'étaient pas
même les cousins d'un ''bandit'' supposé !

Qu'y avait-il contre eux ?

Rien !

Rien, pas même le port d'un fusil dans les ba-
taillons de la Commune.

Rien que des dénonciations anticipées de la
police impériale, et ces basses, ces hideuses ran-
cunes personnelles qui s'exerçaient déjà au temps
des proscriptions de Marius et de Sylla, et que
l'humanité rougira d'avoir vu mettre à leur ser-
vice, en 1871, contre des Français affolés de
patriotisme, une armée française qui n'avait pas
pu défendre la France ! (¹)

Au lieu de Berlin, Paris !

Ah ! laissez-moi croire que vous n'eussiez pas
traité Berlin comme vous avez traité Paris.

———

Laissons maintenant les morts dans leurs
tombes ; ils en surgiront toujours tant que vous
n'aurez pas apaisé les consciences qui les évo-
quent. Laissons descendre dans le trépas ou s'en-
sevelir dans l'oubli ceux qui combattirent à leurs
côtés et les virent succomber.

(1) « La plus belle armée qu'ait jamais eu la France. »
(Thiers.)

« Il n'y a que les morts qui ne reviennent pas, » a dit un partisan farouche arrivé au pouvoir par une révolution, et qui ne voulait pas que la révolution continuât après lui.

Sans doute, les morts ne reviennent pas, mais ils renaissent.

Je n'ai qu'un fils.

Pendant quarante huit heures, sur la foi des journaux, il a cru son père tué, et d'après ces mêmes journaux, déshonoré.

Croyez-vous qu'il ait dans son jeune cœur des pensées d'oubli et d'apaisement ?

Il attend, pour vous pardonner, que vous ayez mérité le pardon.

Mais les autres ! Les autres ont pour la plupart connu la félicité d'une couche féconde. Ils ont en moyenne quatre garçons ou filles. Ceux qui étaient en 1871, à l'époque des massacres et des proscriptions impitoyables, des enfants de douze à quinze ans, sont maintenant des hommes et des femmes.

Vous retenez en Nouvelle-Calédonie et en exil 50000 condamnés ou proscrits. Vous avez ainsi 200000 adultes dont vous entretenez, dont vous attisez les haines de jour en jour grandissantes.

Mon cousin a été tué.

Je ne puis vous pardonner, si vous ne me payez sa rançon.

Mon fils ne vons pardonnera pas, si vous n'accordez une rançon supplémentaire.

Quel prix voulez-vous qu'attachent à leur pardon les 200,000 enfants que vous avez privés de leurs pères — j'ajoute avec honte, quelquefois de leur mère et de leurs frères et sœurs, — sinon cette amnistie complète et plénière, qui seule effacera tout souvenir sanglant et consolera par la vue de la joie des autres, ceux qui ont éprouvé une douleur irrémédiable.

Il y a des animosités qui s'accroissent et s'accumulent chaque jour par votre volonté, des misères qui se prolongent et plongent jusqu'à l'abjection par votre fait. Un mot de vous, et cette calamité, qui nous ronge sans que vous vouliez vous en apercevoir, disparaît.

Est-il donc si difficile d'être grand et juste ?

———

Nous, la haine nous fatigue. D'autres ont subi assez de misères pour qu'une réconciliation dignement et fraternellement offerte leur fasse oublier huit longues années de tortures.

Avez-vous pensé quelquefois, Messieurs, depuis huit ans qu'à votre tranquilité intérieure, à votre aisance auparavant acquise vous ajoutez les honneurs du mandat populaire et les appointements prélevés sur un budget dont nous alimentons les recettes, avez-vous pensé à ces lentes agonies de familles qui s'égrènent par les sentiers les plus dangereux et les plus glissants de la société, parceque le père est absent? Je ne le suppose pas. Vous êtes occupés d'un combat permanent pour l'établissement d'une République durable. Pour quoi donc ont combattu ces morts ? Pour quoi donc ont combattu ces bannis ? C'est pour sauver, dans son berceau, l'enfant que vous voulez élever et faire grandir.

Ah ! ce n'est pas pitié qu'il faut, pour les condamnés et les proscrits; c'est justice ; c'est plus, c'est équité ! Que seriez-vous, sans eux ? Ou en serait la France, sans cette convulsion qui, même sous le talon de la Prusse, épouvanta l'Europe et prouva que la nation en dépit des défaillances des chefs engourdis et des hommes d'Etat impuissants,

affamée, mutilée, trahie, insultée par les assoiffés
de trafics louches, était encore redoutable et vi-
vante !

Et puis, croyez-vous que seules les victimes,
seuls les parents et les enfants des victimes aient
le droit de vous adresser cette réclamation que,
pour votre gloire, vous eussiez du prévenir ?

Que pensez-vous de cette armée parisienne qui
pendant cinq mois, hommes et femmes, avec un
courage que n'ont pu salir ni les niaiseries de capi-
taines incapables, ni les froides férocités d'une
administration qu'on ne peut qualifier, résista au
feu de l'ennemi, à la faim, au coup de Jarnac de
l'armistice, à la nouvelle de la capitulation de Metz
survenant au moment de l'abandon du Bourget,
comme une trilogie de trahison combinée par un
prêtre ou un eunuque !

Que pensez-vous de ces citadins habitués à
toutes les douceurs d'une vie somptueuse ou au
moins facile, et qui subirent la vie du siége dans
les conditions qui lui furent faites ? N'étaient-ce

donc pas des hommes ? N'étaient-ce pas des pa-
triotes? N'étaient-ce pas des républicains? Beaucoup
étaient inconscients peut-être; mais la majorité
savait bien qu'elle remplissait, en offrant le sacrifice de sa vie, un devoir à la fois patriotique et
civique.

Ils ont marché.

Ils se sont plaints, et ceux qui ont survécu se
plaignent encore que leurs chefs n'aient pas eu
assez de résolution pour accepter le sacrifice. Mais,
si j'en juge par l'opinion de ceux que je connais,
aucun d'eux n'aurait été, aucun n'est partisan de
cette longue inflexibilité. Non, j'en jure par ceux
qui sont tombés au Bourget, à Champigny, à Bu-
zenval, non, il n'en est pas un seul qui approu-
verait que ses frères d'armes fussent éloignés
plus longtemps de la patrie, et qu'ils n'y fussent
pas rappelés, ne serait-ce que pour saluer leur
tombe obscure et ignorée.

Au nom d'un innocent mort à ma place, je vous
demande l'Amnistie.

Au nom de tous les innocents massacrés je vous demande l'amnistie.

Au nom de tous les soldats citoyens de Paris, tués à l'ennemi, je vous demande l'amnistie.

Vos électeurs vous ont imposé, à la plupart d'entre vous du moins, un mandat qui vous oblige à la proclamer.

Réfléchissez.

On se lasse.

Il nous tarde de vivre sans haines comme sans chaînes.

La France ne fournit pas les fonds d'un budget de 3 milliards simplement pour que les mandataires du peuple et leurs amis se nourrissent de ce plantureux festin; elle exige, puisque votre métier est de faire de la politique, que vous fassiez de la politique.

Si vous craignez les trembleurs, les coteries d'étrangers implantées en France comme des insectes rongeurs, les voleurs qui ont conquis d'assez grosses fortunes pour jouer impunément le rôle d'honnêtes gens, les traîtres auxquels on pourrait faire rendre compte ; les contempteurs de mandat, vous pouvez refuser l'amnistie.

Mais nous, les parents, les fils, les frères des vaincus, nous n'amnistierons pas non plus.

Et 1881 n'est pas loin.

N'est-ce pas, cousin ?

Henri MATHOREL.

16 Février 1879.

***

P. S. — 22 février. Messieurs les députés ont rejeté l'amnistie entière.

Le nombre des votants contre était de 363.

M. Gambetta présidait.

Il présidait aussi le comité de réélection des 363 après le 16 mai.

Nous nous souviendrons.

A 1881.

Maintenant à vous, Messieurs les Sénateurs.

Imp. Mayer Paul et Cie, Saint Germain-en-Laye.